ラインや色を
意識すれば
見違える！

部屋を広く
すっきり見せる
インテリアの
テクニック
35

トーソー出版

部屋が狭くても もう悩まない。

日々雑誌やSNSなどで目にする
広々としてすっきり片付いた家はやっぱり憧れ。
でも実際には、ハイエンドな豪邸や
建築家が手掛けるスタイリッシュな注文住宅には手が届かないし、
毎日の暮らしの中でどんどんものは増えていく。
せっかくものを飾っても、なんだかごちゃごちゃして素敵じゃない。
どうすれば普通のわが家を広くすっきり、おしゃれに見せられる?

実は、空間の実際の広さやつくりにかかわらず、コツを押さえれば
部屋を広くすっきり「見せる」「感じさせる」ことは可能です。
それは色の使い方であったり、家具の選び方だったりしますが
多くが視覚のマジックを活用するものです。
だから今の家のままでできることもたくさんあります。

本書では、部屋を広くすっきり見せるためのコツを
35のテクニックでまとめました。
同じ部屋でも、これらのテクニックを試してみれば
ぐんと広くすっきり感じられるはずです。
ぜひ興味を持ったものからトライしてみてください。
部屋とともに、きっと心もすっきりするでしょう。

カーテンレール：ネクスティ ウェーブスタイル仕様／トーソー
ロールスクリーン：チェーンタイプ ルノプレーン／トーソー

Contents

色のテクニック

ラインのテクニック

照明 のテクニック

メリハリ のテクニック

収納 のテクニック

その他のテクニック

部屋を広くすっきり見せる
お役立ちアイテム集

※本書に掲載した情報は2024年3月時点のものです。
※写真に掲載の製品には、日本で取り扱いのないものや既に販売を終了しているものがあります。

部屋を広くすっきり見せる

色 の

テクニック

Color
Techniques

色はインテリアにおいて大切な要素ですが、
広さの体感も大きく左右します。
どの色をどう使うかで、実際の面積より
広く感じたり、逆に狭く感じることも。
部屋を広く、すっきり見せるために効果的な
色の選び方、使い方をまとめました。

#01

/ 色のテクニック /

明るい色でまとめる

重厚感があり空間を狭く見せる暗い色や濃い色とは対照的に、明るい色や淡い色は光を反射して空間を広く開放的に見せる効果があります。特に小さな空間では壁や床、天井などの内装を中心に、明るい色や淡色を積極的に取り入れるようにしましょう。加えてカーテンやラグ、大きな家具なども明るい色でまとめれば、同じ空間でもかなり広く感じられます。できるだけ自然光を採り入れて明るくすることも効果的です。

異なる質感の明色を重ねて
奥行きのある空間に

オフホワイトやクリーム、ライトベージュなどニュアンスのある明るい色で全体をまとめれば、広々としながらくつろぎ感のある空間に仕上がります。単調にしたくないなら少量の濃色をアクセントに加えるほか、写真のように質感豊かな素材を複数取り入れて奥行きを出す方法が有効。ここでは白く染色したオーク材の床、木目が美しい家具、漆喰の壁、大理石のテーブル天板、ファブリックなどで奥行きを出しています。(Hiroo Residence／Karimoku Case〈カリモク家具〉 撮影：Tomooki Kengaku インテリアスタイリング：Yumi Nakata)

POINT
特に大きな面積を占める
内装を明るい色に

POINT
フローリングと同じ色の
木製家具で統一感を出す

木家具も明るい色をチョイス。ポピュラーなのはオーク材

床や壁などの内装だけでなく、テーブルやソファなどの大きな家具も明るい色を選ぶと空間をより広く見せられます。家具の素材で一般的なのが木材ですが、部屋を広く見せたいならオーク材やタモ（アッシュ）材、バーチ材などの明るい色がおすすめ。全体を明るくまとめたら、写真のようにテーブルの天板や椅子の座面、アートなど、一部に濃い色を使っても問題ありません。（TAKT〈Studio Sitwell〉）

クールな空間も淡い色でまとめてすっきり

洗練されたモダンな雰囲気を演出できるモルタルやタイルの床。雰囲気を優先して濃いグレーカラーなどにしたくなりますが、部屋を広く見せることを重視するなら、やや明るめのライトグレーやベージュカラーを選びましょう。さらに壁や天井、ラグ、カーテン、家具に至るまで穏やかな淡い色でまとめれば、クールな印象はそのままでより広く見せることができます。（Muuto〈Muuto Store Tokyo〉）

POINT
モルタルの床も
ライトな色で軽さを出す

色のテクニック
#01
明るい色でまとめる

明るい中にひとさじの濃色で
広く、そしてすっきり見せる

明るい色でまとめる場合、黒や濃色は使ってはいけないということはありません。むしろ、明色や淡色でまとめた部屋の中にほんの少し黒や濃色を取り入れることで、メリハリが出てすっきり見える効果が期待できます。照明や小物などで取り入れるのがおすすめですが、造作材の一部に濃色を使ってもいいでしょう。ただしあくまで一部にとどめ、圧迫感が出ないように気をつけて。(HAY JAPAN)

POINT
ブラックの照明や雑貨は
引き締め役に最適

もののが点数が多くても
色数を抑えてすっきり見せる

（右ページ）テーブルの上や棚の中などアイテム
が多い空間でもすっきりして見えるのは、使う色
をベージュ系と黒、植物の緑の3色にとどめてい
るから。こまごまとしたものも色をそろえてまと
めると、ひとつの固まりとして見せることができ
ます。コレクションしているものがあれば色に留
意して選ぶといいでしょう。床や壁、窓枠などの
内装や家具類をベージュ系で統一しているのもす
っきり見える理由です。(ferm LIVING)

#02

/ 色のテクニック /

色 数 を 抑 え る

「視覚的にうるさくないこと」は、空間をすっ
きり見せるための大切なポイントのひとつ。基
本的に色数が多ければ多いほど、視覚的なノイ
ズが増してうるさく感じるためです。そこで、
部屋の中で使う色の数をできるだけ少なくして
みましょう。内装や家具の色をそろえるほか、
見落としがちな小物まで気を配って色数を抑え
ると効果的。壁や天井、床などの内装を考慮す
ると、ナチュラルなニュアンスカラーやアース
カラー、無彩色系が取り入れやすい色です。

POINT
柄物を取り入れる際も
周囲と色を合わせて

POINT
ブラックカラーの照明で
空間を引き締める

リラックス感も出せる
ベージュ主体のインテリア

インテリアの定番色、ベージュをメインに色数を絞ると、すっきりしつつリラックスした雰囲気を演出できます。さらに高級感を出したい場合は、シンプルでモダンなデザインのアイテムを選ぶといいでしょう。カーテンやソファなどの大きなアイテムをベージュ系で統一し、照明や小物で少量の黒を利かせるとセンスよく仕上がります。(カーテンレール：ネクスティ ウェーブスタイル仕様／トーソー)

色のテクニック

色数を抑える

デコレーションや
本の色にも気を配りたい

写真のグリーン×ベージュの空間では、壁や本棚、スツールだけでなくアートの中身も緑色で統一してすっきり見せています。さらに本棚の中を見ると、本は背表紙ではなく逆の小口側を手前にして並べています。色とりどりになりがちな背表紙側に比べ、小口側ならほとんどが紙の色のためベージュ系で統一できるというわけです。ただタイトルがわからないという欠点があるため、カバーを外して通常の向きで収納するのも一案です。(Desenio)

POINT
家具の色に合わせて
アートを選ぶのも楽しい

POINT
柄色のコントラストは
強くしないほうが◯

空間に奥行きをもたらす
同系色の柄壁紙

色数を抑えるとすっきりして見えるのはいいけれど、おとなしくて面白みに欠ける空間になりそう? そんなときは柄の力を借りてみましょう。写真はグレーカラーで統一したベッドルーム。壁紙を同じグレーの濃淡の雲柄にすることで、すっきりしながら空間に奥行きも加えることに成功しています。楽しくしたいけれどうるさくなるのは避けたいキッズルームなどに特におすすめです。(Sian Zeng)

POINT
ライトグレーのソファなら
圧迫感も少ない

トーンをそろえる

色数を抑えるとすっきり見えるのはわかるけれど、複数の色を取り入れたい場合もあるはず。そんなときはトーンをそろえるとまとまりが出て雑多な印象を抑えられます。トーンとは明度と彩度の組み合わせで色をグループ分けしたもの。明るく彩度が低いペールトーン、中程度の明るさで鮮やかなビビッドトーン、暗めで彩度が低いグレイッシュトーンなどがあります。赤と緑などの異なる色でも同トーンであればまとまりやすく、すっきりと見せることができます。

流行のライトグレイッシュで すっきりかつ今どきに見せる

近年のインテリアで人気なのは、やや彩度を落としたニュアンスカラーの配色です。写真の空間のようにソファや壁、ラグなどを明るめのグレイッシュトーンでそろえると、統一感が出てすっきり見えるうえにしゃれ感も演出できます。ぼんやりした印象を避けるために、ごく少量の黒で引き締めたり観葉植物を取り入れるといいでしょう。(カーテンレール：ネクスティ ウェーブスタイル仕様／トーソー)

POINT
家具の色を拾うような
柄色のラグをセレクト

主張のある色も
同トーンならまとめやすい

優しいニュアンスカラーだけでなく主張のある色の
組み合わせでも、トーンを意識すればすっきりと見
せることができます。ここではソファのパープル、
椅子のブルー、クッションの赤やイエローとさまざ
まな色が使われていますが、渋めのトーンで統一し
ているため落ち着きのあるまとまった空間に仕上が
っています。家具などで使った色をラグの柄色に取
り入れると、よりまとまりが出ます。(イデー)

おしゃれに仕上がる
ディープトーンの大物づかい

(右ページ)存分に色を楽しみたいなら、ソファや
テーブル、ラグなど面積が大きいアイテムに緑と赤
などの反対色を取り入れるとおしゃれに仕上がりま
す。写真の空間ではソファのブルーグリーン、クッ
ションのグリーン、テーブルのレッド、ラグのネイ
ビーと、登場する色はさまざま。ただ、どのアイテ
ムも明度低め、彩度高めのディープトーンで統一し
ているため、雑多にならずすっきりまとまって見え
ています。(HAY JAPAN)

色のテクニック
#03
トーンをそろえる

POINT
無塗装の白木テーブルで
色の空間に抜け感を出す

#04

/ 色のテクニック /

同じ色を分散させる

好きな色をインテリアに使う。それはごく自然なことです。ただし強い色を取り入れる場合は気をつけて。一か所だけに使うと周囲から浮いて唐突な印象になってしまいます。使いたい色が決まったら、その色を部屋のあちこちに分散させましょう。繰り返し使うことで強い色も部屋になじみ、統一感が生まれてすっきりした印象になります。内装やほかのアイテムの色を無彩色やニュートラルカラーでまとめると、好きな色がより引き立ちます。

POINT
アートの点数が多くても
色をそろえればすっきり

すっきり〝一色豪華主義〟で無彩色空間を印象的に

取り入れたい色のほかは白やグレー、黒の無彩色にとどめると、より色が引き立って見えます。写真のコーディネートでは、木製のラウンジチェアやフローリングもグレイッシュであまり色を感じさせないものをセレクト。ソファとアートの深い青色が映える、すっきりと美しい空間の完成です。(Desenio)

POINT
背板とレザーソファ。
異素材も同系色で統一

ものがたくさんあっても
同じ色なら統一感が出せる

ベースは白い壁に明色のフローリング。さらに床と
同系色のソファやチェスト、ダイニングセットを置
き、仕上げに青色を散りばめたリビングダイニング
は、アイテムの点数が多くてもすっきりした印象で
す。同じ青でもトーンが異なる色をグラデーション
のように重ねると、立体感が出てよりおしゃれに見
せることができます。同系色であれば複数の柄物を
合わせてもすっきり見せられます。(イデー)

POINT
床と色を合わせた建具で
統一感のある空間に

淡い黄白色の床でつくる
軽やかな和モダン空間

日本家屋のディテールを取り入れた、和の雰囲気を
感じるリビングダイニング。和風のインテリアでは
床を落ち着きのあるダークカラーにする場合もあり
ますが、やや圧迫感を感じることも。写真のような
柔らかな黄白色のパイン材で軽やかに仕上げると、
空間に広がりを感じることができます。(無垢フロ
ーリング ピノアース／ウッドワン)

お気に入りを引き立てる
明るい色のフローリング

重厚感のあるアンティークのテーブルや、インパク
トのある大型のアート。お気に入りのアイテムも、
明るいホワイトオークのフローリングのおかげで重
くなることなくすっきり収まっています。床の木材
を斜めに貼ることで、窓の外に視線を向けて広く感
じさせる効果もあります。(T邸／ブルースタジオ
撮影：Yoshiyuki Chiba)

POINT
キッチンの腰壁も
ライトグレーで軽やかに

#05

床色を明るくする

#01でインテリア全体を明るい色でまとめて空間を広く見せるテクニックを紹介しましたが、中でも壁とともに重要な役割を果たすのが床です。床の色を明るくすると大きな「面」で光を反射して、空間に広がりが感じられるようになります。床・壁・天井などの内装を変更するのは容易ではありませんが、もしこれから住まいを建てたり住み替えをする人は床の色に気を配ってみて。既存の床の上に明色のフロアタイルなどを敷く方法もあります。

床と木家具の色をそろえて
相乗効果で広く見せる

床はもちろんのこと、家具や建具なども明るい色にすると部屋がさらに広く見えます。写真のようにフローリングと家具の色をそろえると統一感が出てすっきり感がアップ。フローリングは黄みや赤みを抑えた白っぽいアッシュ系、ソファの張地やカーテンなどのファブリックも白っぽいグレージュカラーにして、全体的に明るく今らしさの感じられる空間です。（エイトデザイン）

POINT
余計な色みを感じない
明るい色の木材で今風に

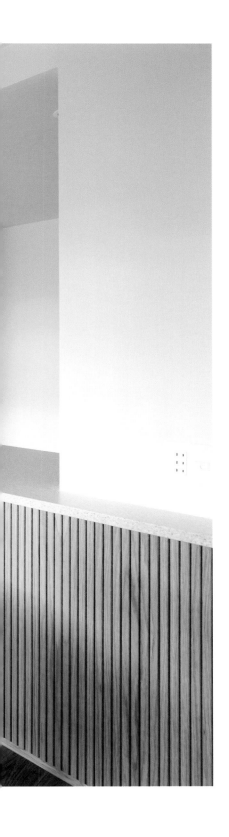

床や壁と一体化する
同系色のソファでさらに広々

端正な印象のライトグレーで
カーペット床もすっきり

柔らかさや温かみが足裏に心地よく、色柄も豊富と
近年その魅力が見直されているのが敷き込みカーペ
ットの床です。写真のようなシンプルなライトグレ
ーを選んで部屋全体を明るい色彩でまとめれば、す
っきりと端正な空間に仕上がります。濃色や柄物を
避け、周囲から浮かないようにしましょう。(浅山
邸『La Finestra Vol.32』〈トーソー発行〉掲載　設
計：Small Design Studio　撮影：小林久井)

色のテクニック
#05
床色を明るくする

POINT
床の濃色と天井の明色を
つなぐライトグレーの壁

**伸びやかさを生む
床・壁・天井のグラデーション**

ダイニングのフローリングにリビングのグレータイルと、同じ空間内でスペースをさりげなく分ける2種類の床材。いずれもダークなカラーを選び、都会的な雰囲気に仕上がっています。注目したいのが奥のリビングの壁。床より明るい赤みがかったグレーで床から白い天井に向かってグラデーションを描き、ひとつながりのLDKの天井をさらに高く、空間を広く見せています。(ゼロリノベ)

#06

/ 色のテクニック /

床 → 壁 → 天井 に 向 かって 明 る くする

床は明るい色のほうが部屋が広く見えるのは事実です。でも、明るい色の床は汚れや傷が気になることもあるし、暗い色のほうが高級感があって好きだという人も多いでしょう。暗色の床でも広く見せたいのなら、床→壁→天井に向かって色を明るくすることを意識しましょう。天井が高く伸びやかに感じられます。壁と天井を明るい同色で統一しても。最近は板張りや暗色の天井もしゃれ感やこもり感を出せて人気ですが、天井が低く感じられたり圧迫感が出てしまいます。部屋を広く見せたいのなら避けるほうが賢明です。

重厚感と軽さのバランスを取る
床材と壁の工夫

ウォールナットをはじめとする濃色のフローリングは、ホテルライクなインテリアなど高級感やくつろぎを演出するときに特に重宝します。写真の床材は落ち着きのある赤褐色が魅力のピンカド。明るい色の床に比べて重厚感が出るので、壁と天井は淡い亜麻色で軽さを出しています。さらに右側の壁や左奥の壁をアクセントウォールにすることで空間に奥行きが生まれています。（クラフト）

POINT
濃色の床に合わせる木家具は
濃い色のほうがバランス◯

#07

/ 色のテクニック /

建具や造作材の色を壁になじませる

空間を仕切るドアや収納の扉、窓などの部材を建具といい、壁と床の境目を保護する巾木(はばき)やモールディングなどの仕上材を造作材といいます。これらの色は床と同じ色にして統一感を持たせたり、床より濃い色にしてアクセントにすることもあります。しかし部屋を広くすっきり見せたいのなら、選ぶべきは壁になじむ色。建具や造作材だけが目立たないよう壁に同化させ、視覚的な要素をなるべく減らすことで、整った印象をつくることができます。

POINT
印象的なデザインのドアも
壁と同色で悪目立ちさせない

木の魅力を生かしつつ
壁になじませてすっきり

木目の美しさとナチュラルで温かみのある雰囲気が魅力の木製ドア。薄くホワイトに着色されたものなら木の魅力が生きつつ白壁になじみ、すっきり見せることができます。隣り合ったドアは、デザインを変えながら同じ色にしていることにも注目です。同じ空間内の建具や造作材の色をそろえることでさらに統一感が生まれます。(ピノアース オーダーペイントドア 自然塗料ホワイト／ウッドワン)

POINT
木目も楽しみながら
壁になじむペイントを選ぶ

家具や小物をすっきり引き立てる
白壁＆白建具のセット

白壁と白建具は圧迫感がなく、部屋を広く見せるのに最も適した組み合わせです。写真は室内窓やドア、ドア枠まで壁と同じ白で統一したインテリア。カラフルでにぎやかな家具や小物もすっきりと見せられるうえに、それらの魅力をさらに引き立てておしゃれに仕上がっています。この部屋の場合は床や天井、大きな本棚に至るまで、空間のベースをすべて白でそろえることでさらに広がりを持たせることに成功しています。(A邸／nuリノベーション)

/ 色のテクニック /

壁の一部や窓まわりを
寒色系にする

色には距離感を左右する働きもあります。実際の距離よりも遠くにあるように見える色を後退色といい、青や紫などの寒色系や青緑が当てはまります。逆に赤やオレンジなどの暖色系は進出色で近くに見えます。この働きを利用して壁などに寒色系を使うと、奥行きが出て実際より広く見えるのです。壁のすべてを寒色系にすると寒々しく感じることがあるため、壁の一面や窓まわりなどアクセント的に取り入れるといいでしょう。

POINT
壁のように全面を覆って
奥行き効果アップ

涼しげなブルーのカーテンで
奥行きも演出できる

アクセントウォールの代わりにカーテンなどの窓まわりを寒色系にするのも、空間に奥行きが出て広く見せる効果があります。壁色を変える以上に気軽にトライできるはず。腰窓より掃き出し窓で、さらに天井から床までの全面を寒色系のカーテンで覆うようにすると、より効果が実感できるでしょう。(ML1113 スプーマ／シンコールインテリア)

POINT
照明で視線を集めて
青い壁の効果を強調

木材とも相性がいい
淡いブルーで奥行きを強調

リビングダイニングのアクセントウォールに爽やか
なライトブルーを用いた例。部屋の奥の壁色を後退
色である寒色系にすることで、壁が下がって見えて
実際以上に部屋を広く見せています。実は淡い色よ
りも濃い色のほうが遠くに見える効果は高いのです
が、圧迫感も増してしまいます。インテリアに用い
るなら淡い寒色系がおすすめ。青みがかったグレー
でも同じ効果が得られます。(ゼロリノベ)

POINT
シアーカーテンで光を採り込み
空間をさらに広く見せる

窓まわりの色を
壁色になじませる

家具以上に大きな面積を占め、インテリアに大きな影響を及ぼすのが、カーテンをはじめとしたウインドウトリートメントです。カーテンを主役に色柄を楽しむのも、インテリアとしてはもちろんアリ。ただし部屋をすっきり広く見せることを優先するならば、窓まわりは壁になじませることが鉄則です。空間がつながって広く見える効果があります。一般的な白壁であれば、白やアイボリー、ライトグレーなど淡色の窓まわりで壁と一体化させるといいでしょう。

大きな窓なら効果倍増。
壁と一体化するカーテン

特に空間に占める面積が大きい掃き出し窓のウインドウトリートメントは、壁との一体感を意識しましょう。空間を広く見せる効果は絶大です。さらに軽い生地感のシアーカーテンやケースメントを選び、できるだけカーテンの存在感を抑えて。透け感のある生地なら日光を十分に採り込むことができ、空間をより明るく広々と見せることができます。（カーテンレール：ネクスティ ウェーブスタイル仕様／トーソー）

POINT
メカや操作チェーンの色も
窓枠になじむ黒をチョイス

アクセントウォールを
生かすスクリーンの色選び

壁の一面だけ色を変えるアクセントウォールの窓なら、ウインドウトリートメントも壁に似た色を選ぶといいでしょう。写真はダークなブラウングレーカラーの壁に、グレージュカラーのロールスクリーンを合わせた例。白系の色が合わないわけではありませんが、スクリーンだけが目立ってうるさく感じてしまうため、同系色を選んで壁になじませています。（ロールスクリーン：チェーンタイプ コルト／トーソー）

POINT
ボーダーのスクリーンで
遊び心をプラス

壁になじませつつ
淡いボーダーで変化をプラス

透過度が異なる2種類の生地をボーダー状に配した調光スクリーン。細かく調光ができる機能面だけでなく、デザインを楽しめる点も長所です。柔らかなグレーカラーの調光スクリーンなら、白い壁になじみつつ空間のほどよいアクセントになります。ボーダーのコントラストがあまり大きくないソフトな色を選ぶと悪目立ちしません。（ロールスクリーン：ビジックライト コルトライン／トーソー）

部屋を広くすっきり見せる

ラインの
テクニック

Line
Techniques

整然とした印象のある細く長い線。
そのラインをインテリアに取り入れて
すっきり見せるテクニックを集めました。
欧米の住居に比べて天井が低くなりがちな
日本の住まいも、縦のラインを駆使して
高く感じさせることができます。

/ ラインのテクニック /

細い脚の家具で
抜け感をつくる

極端なミニマリストでもなければ、部屋に家具をまったく置かないということはないはずです。素敵なデザインの家具は大いに楽しみたいもの。ただ、特にコンパクトな部屋を広く見せたいのなら、家具選びには配慮が必要です。テクニックのひとつとして細い脚の家具を選び、圧迫感を抑えるといいでしょう。太くどっしりとした脚ではなく華奢でまっすぐな脚のものを選んで。ソファや収納家具も細い脚付きを選び、床を見せるようにしましょう。

POINT
シンプルなデザインや
薄い天板ですっきり見せる

POINT

ＴＶより幅広のボードで
バランスよくまとめる

長 い 脚 で 床 面 を 見 せ
家 具 の ボ リ ュ ー ム も 抑 え る

脚なしのタイプや短い脚のものが多いTVボードや
リビングボード。リビングルームではポピュラーな
家具ですが、ボリュームがあり軽やかな印象とは言
い難いものが多いでしょう。細く長めの脚が付くと
かなり印象が変わり、空間全体に軽さやスタイリッ
シュな印象がプラスされます。床面を隠さないこと
で視覚的な広がりを持たせ、さらに広く見せること
ができます。(WOUD〈アペックス〉)

す ら り と し た 直 線 の 脚 は
軽 や か に 見 せ る 効 果 大

(左ページ) 長い脚を持つ家具といえば椅子とテー
ブルでしょう。これらの脚を細いものにすると、空
間に与える圧迫感が大きく軽減されてすっきりしま
す。最近はスチール素材を用いて脚を細く仕上げた
デザインの椅子も多く、選択肢は豊富。ぜひ活用し
ましょう。椅子の背板が抜けているのもポイントで
す。テーブルの脚は木製ですが、椅子と同様にすら
りとしたデザインで軽やかな印象をもたらします。
(TAKT〈Studio Sitwell〉)

POINT
フロアスタンドでも
直線を強調

細い脚と明るい色の家具で
広々空間の完成

サイズが異なるソファ2台はいずれもスチールの細
い脚、コーヒーテーブルは木製のやっぱり細い脚。
大きな家具も脚のデザインを意識すればこれだけす
っきり見せることができるのです。さらに全体を明
るい色調でまとめて圧迫感を減らし、空間全体を広々
と見せることに成功しています。(Muuto〈Muuto
Store Tokyo〉)

POINT
細いラインのフレームで
壁もすっきりと彩る

繊細な線で構成された
収納家具を活用

基本的に「面」で構成される収納家具は、サイズの
大きさも相まって圧迫感を感じやすく空間を狭く見
せてしまう類の家具です。圧迫感を減らすために、
側板や背板を省いて華奢な直線の支柱で棚板を支え
るタイプのシェルフを取り入れてみましょう。家具
自体の存在感が薄まるうえに、視線が抜けることで
軽やかな印象が生まれます。(MOEBE〈NOMAD〉)

POINT

カーテンレールも家具に合わせて
細いアイアン調をセレクト

黒のアイアン脚で統一して
スタイリッシュな印象アップ

ソファにコーヒーテーブルと、リビングのメインの
家具をブラックの細い脚で統一。さらにフロアスタ
ンドやプラントスタンド、カーテンレールも細いラ
インのデザインのものを選んでいます。抜け感が出
て、エレガントな空間に軽やかな空気が加わりま
す。座面やアームにボリュームがあるソファも、細
い脚で床面が見えるのですっきりして見えます。
（カーテンレール：モノ16　ローマンシェード：ク
リエティ ループレスツイン／トーソー）

ラインのテクニック
#10

細い脚の家具で
抜け感をつくる

$\#11$

/ ラインのテクニック /

ストレートラインのカーテンや ブラインドを取り入れる

部屋の中にある「縦のライン」に注目しましょう。垂直方向のラインには天井を高く、空間を広く見せる視覚効果があります。ストレートラインのインテリアとして取り入れやすいのがウインドウトリートメント。縦型のバーチカルブラインドや、吊り元にヒダがなく裾までまっすぐなラインを描くウェーブスタイルカーテンがおすすめです。大開口の掃き出し窓で特に効果を発揮するので、リビングなどの大きな空間で取り入れるとよいでしょう。

**シャープにしたいなら
縦型ブラインドが第一候補**

多数の細長いルーバーをレールに吊り下げた縦型のバーチカルブラインド。垂直のラインが空間をシャープに見せる効果があるうえに、近年人気のシンプルモダンなインテリアとも相性がよく、ぜひ活用したいウインドウトリートメントのひとつです。質感のある生地を選べば、無機質で冷たい印象になるのを避けられます。(バーチカルブラインド：デュアル100 コード＆バトンタイプ ストネ／トーソー)

POINT
光を受けて強調される
縦のラインが現代的

ストレートラインの
カーテンやブラインドを
取り入れる

優雅だけどすっきり見せられる
ウェーブスタイルカーテン

一般的なカーテンとは異なり吊り元にヒダを寄せないウェーブスタイルカーテンは、縦のラインを生かしやすいアイテムです。ストレートラインをより強調したいなら、カーテンは天井付近から吊るすのがベター。天井から床まで途切れることのない直線で、天井をより高く見せてくれます。シアー生地のウェーブスタイルカーテンの1枚吊りで、軽やかに空間を彩りましょう。
（カーテンレール：ネクスティ ウェーブスタイル仕様／トーソー）

レギュラーカーテン　　　**ウェーブスタイルカーテン**

POINT
家具や照明と調和する
シンプルな装飾レール

ドレープ＋シアーの二重吊りも
ウェーブスタイルならすっきり

ドレープとシアーの二重吊りも、吊り元にヒダがないウェーブスタイルならすっきりと納まります。バーチカルブラインドのように吊り元から裾まで規則的な垂直のラインを描く点も、空間を広く見せるのに役立ちます。
（カーテンレール：レガートユニ ウェーブスタイル仕様／トーソー）

POINT
天井付近から吊るして
縦長効果アップ

before   *after*

変えたのは吊るす位置だけ。
天井を高く見せる視覚マジック

beforeとafterの写真の違いはカーテンを吊るす位置
と長さだけ。beforeは窓枠の10〜15cm上からカーテ
ンを吊るした場合。afterでは天井際から吊るしてい
ます。視覚効果で窓が大きく、天井が高く見えるのが
わかるでしょう。その分カーテン生地は余計に必要で
すが、それだけの価値があるテクニックです。(カー
テンレール：フィットアーキ／トーソー)

天井際から
カーテンを吊るす

/ ラインのテクニック /

カーテンなどのウインドウトリートメントは、窓枠の10〜15cm
上から吊るすのが一般的です。窓が天井までのハイサッシの場合
はカーテンも天井付けにして窓を覆います。もしハイサッシでは
ない標準サイズの窓であっても、カーテンは天井際から吊るして
みましょう。実際よりも窓が大きく、天井が高く見える効果があ
ります。壁を横切るカーテンレールやカーテン上端のラインが悪
目立ちせず、すっきり見える効果も期待できます。

POINT
窓上の白壁を覆って
天井から床をつなげる

天井から床までつなげて
すっきり効果をねらう

スタイリッシュな北欧モダンインテリアに映える、
質感のあるグレーのカーテン。白壁との色のコント
ラストが大きいからこそ、カーテンは天井付けにし
て窓上の壁面を隠してしまいましょう。実際より天
井が高く見えるだけでなく、カーテンが天井から床
までひとつながりになってすっきり見えます。(カ
ーテンレール：レガートユニ／トーソー)

#13

/ ラインのテクニック /

腰窓に床までの
カーテンを吊るす

#12は天井際からカーテンを吊るすテクニックでしたが、ここでは床まで垂らすテクニックを紹介しましょう。腰窓のカーテンは通常、窓枠から15cm程度下げた丈で仕立てますが、思い切って床まで伸ばしてしまうのです。これは海外のインテリアでもよく見られる方法で、やはり空間を広く見せる効果があります。スクリーンやシェードとの二重吊りにするなら、スクリーン類は通常の丈にしてカーテンを床まで垂らすとバランスよく仕上がります。

POINT
同系色で描かれた柄なら
ほどよいアクセントに

柄物のカーテンなら
途切らせず床まで垂らすのが吉

グリーンの濃淡で描かれたボタニカル柄が爽やかなシアーカーテンは、腰窓でも窓下までの丈ではなく床まで伸ばして柄を楽しむことをおすすめします。柄が壁の途中でぷっつりと切れることがないので見栄えがよく、かえってすっきりして見えるはず。
（AC2524／サンゲツ）

豊かな気分にしてくれる
床までのカーテン

透け感のあるシアーカーテンとロールスクリーンを
合わせた腰窓。カーテンを床まで垂らすことでリッ
チな印象が増すうえに、縦方向のラインが強調され
てすっきりして見えます。ロールスクリーンを窓枠
内に納めることで、カーテンを二重吊りにするのと
比べてシャープにまとまります。(カーテンレール：
ネクスティ ウェーブスタイル仕様　ロールスクリ
ーン：チェーンタイプ ルノプレーン／トーソー)

POINT
スクリーンは窓枠内に
すっきり納める

POINT
整然とした縦のラインが
部屋をすっきり見せる

変形障子でモダンにすっきりまとめる

静謐な和の空間を演出する障子。一般的な障子に比べて縦方向の部材（竪子）の幅を狭めた障子は「竪組障子」と呼ばれますが、ここでは横方向の部材の数を極端に減らした障子でさらに縦ラインを強調。端正な印象が強まってすっきりと見せています。
（Karimoku Commons Kyoto 2023／Karimoku Case〈カリモク家具〉　撮影：
Tomooki Kengaku　インテリアスタイリング：Yumi Nakata）

14

/ ラインのテクニック /

縦格子の
建具を取り入れる

#11で紹介したとおり、部屋に縦のラインを取り入れると天井が高く感じられます。バーチカルブラインドやカーテン以外におすすめの縦ラインのアイテムが、モダンにリデザインされた障子やスリット入りの間仕切りといった縦格子の建具です。柔らかなファブリックと比べて硬質で規則的な直線を描くため、よりすっきりとした印象をもたらします。縦格子は伝統的な日本家屋でも見られた意匠。現代の日本の家にも取り入れやすいでしょう。

見た目すっきり、ほどよく目隠しで機能性も○

最近増えてきた、ワンルーム空間をゆるやかに仕切ってちょっとした作業スペースをつくる手法。写真のような縦格子の間仕切りならほどよく視線を遮りつつ、スリットの隙間から光が抜けて圧迫感なく仕切ることができます。縦のラインがすっきりした印象で、空間のアクセントにもなります。周囲になじむナチュラルな木の色もポイントです。(インテリア格子／LIXIL)

POINT
周囲になじむ色で
自然に縦ラインを演出

POINT
ピッチが異なるストライプで
空間にリズムを与える

周囲になじみつつすっきり見せる
アースカラーのストライプ柄

シンプルなインテリアにメリハリをプラスするストライプ
柄のカーテン。天井付近から床まで壁を覆うように吊るす
と、天井をより高く見せることができます。アースカラー
の濃淡のストライプ柄なら、周囲から浮かずにほどよいア
クセントとなって取り入れやすいでしょう。太ストライプ
と細ストライプが交互に描かれた柄が空間に奥行きをもた
らします。(UA-927／スミノエ)

#15

/ ラインのテクニック /

ストライプ柄の
壁やカーテンを採用する

インテリアに柄を取り入れる際、広く見せることを第一に考える
なら選ぶべきはストライプ柄です。これまで紹介した縦ラインの
アイテムと同じく、柄自体がシャープですっきりとした印象を持
つうえに、壁やカーテンなど広範囲に使用することで天井を高く
見せる効果があります。ただし柄色のコントラストが大きすぎる
と圧迫感が出てかえって狭く感じてしまうので気をつけましょ
う。また壁に採用するときはポイント使いがおすすめです。

伸びやかな印象を与える
木のアクセントウォール

空間にぬくもりを与えてくれる木製の壁。幅が異なる板4枚が貼られたパネルを敷き詰めた壁は、天然木の個体差から生じる色や木目の差、さらに板同士の溝の線がまるでストライプ柄のよう。天井から床までの伸びやかなラインですっきりした印象をもたらします。すべての壁に貼ると圧迫感が出たりすっきりとした印象が弱まるため、アクセントウォールとして一面だけに貼るといいでしょう。（ウッドウォールパネル／toolbox　撮影：Masanori Kaneshita)

POINT
天井から床まで
まっすぐ伸びたラインが◯

ANSEL ADAMS

POINT
太ストライプ柄は
低コントラスト色を選ぶ

POINT
インパクトのある柄も
白ベースの同系色で上品に

ストライプも個性はさまざま。
つくりたい空間に合わせてチョイス

同じストライプでも線の幅や色によってさまざまなスタイルに適応します。ラインが太いタイプはカジュアルに、細いタイプは落ち着きのある空間に。特殊な加工が施されたものなら個性的な空間がつくれそう。　左／グレージュとホワイトという低コントラストの色合わせが使いやすい。ストライプ柄ですっきりしながらリラックスした雰囲気です。(TWP9093／トキワ)　右／より個性を求めるのならこんな派生ストライプの壁紙を選ぶ手もあり。シルバーの光沢が美しい大理石のような柄の壁紙が、天井を高く見せつつ洗練された空間をつくります。白ベースに同系色の柄だからうるさくなりません。(4019-86499／BREWSTER〈テシード〉)

ラインのテクニック
#15

ストライプ柄の
壁やカーテンを採用する

照明のテクニック

Lighting Techniques

照明で部屋が広く見せられる？
答えはYES。しかもとても大きな効果が
得られます。ポイントは、照明の光によって
空間に立体感——奥行きを持たせること。
どんな種類の照明を使ってどこを照らすと
効果的なのかを見ていきましょう。

#16

/ 照明のテクニック /

多灯使いで
空間に奥行きを出す

たとえ同じ面積でも奥行きを感じると、その空間はより広く感じられるようになります。そして照明は空間に奥行きを出すのにもってこいのアイテム。ぜひ活用しましょう。まずは、シーリングライトだけで部屋全体をまんべんなく照らす「一室一灯」から、照らしたい箇所や目的に合わせて照明を分散する「多灯分散照明」に切り替えてみて。複数の照明を使うことで光の陰影が生まれ、空間に奥行きが出て広く感じられます。しかも雰囲気が出ておしゃれに仕上がったり、くつろぎを演出できたりなどうれしい効果も。ペンダントライトやスポットライト、フロアランプ、テーブルランプ、ブラケットライトなどさまざまな種類がありますが、複数の照明を併用すると効果的です。

異なる種類の照明を用いて
配光にメリハリをつける

日本の照明ブランドNEW LIGHT POTTERYの元ショールームは、実際の住まいを活用したもの。写真に映る範囲だけでもペンダントライト2種類、左手前のフロアランプ、右奥の床のスポットライト、右壁のブラケットライトと5種類の照明器具が使われています。食卓を直接照らす特大のペンダントライトから、壁から天井付近に光を反射させるフロアランプまで、それぞれ使う場所も照らす位置も、さらに照らし方もまちまち。それによって空間に陰影と奥行きが生まれています。(建築設計:ninkipen! 一級建築士事務所 撮影:河田弘樹)

POINT
壁から手元まで
照らす場所もさまざま

POINT
低い位置の照明は
くつろぎの演出にぴったり

スマートな空間を邪魔しない
小型のダウンライト

白い天井、白い壁が目を引くコンテンポラリーな印
象のインテリア。天井はシーリングライトではなく
ダウンライトのみにすることで"白い箱"のスタイ
リッシュなイメージが強調され、空間をよりすっき
り見せています。ソファの奥に床置きした球体のフ
ロアランプにも注目。ダウンライトだけでなくほか
の種類の照明を併用すると雰囲気がアップします。
（ダウンライト：LGD3110L LB1ほか　フロアラン
プ：SF291WF／パナソニック 住まいの設備と建材）

#17

/ 照明のテクニック /

シーリングライトの代わりに
ダウンライトを活用する

天井照明と聞いて多くの人が思い浮かべる乳白色のシェード。ちょっと味気
ないし、かといってデザインされたものにしても存在感がありすぎて気にな
ることも。思い切ってシーリングライトはやめて、ダウンライトだけにして
みては？　圧倒的に天井がすっきりして見えるはずです。もしダウンライト
だけでは明るさに不安があるなら、フロアランプやテーブルランプなどほか
の種類の照明を取り入れると奥行きも出せておすすめです。

ダウンライトにする目的を考えると、照明器具自体は空間に溶け込ませて存在感を減らしたいところ。写真の事例ではマットな白塗装のダウンライトを採用し、白い天井になじませています。ダイニングテーブルの上にはペンダントライトを設置することが多いのですが、ここではダウンライト3灯で照らしてさらにすっきりと。同じ部屋の中でもスペースごとにライトの明るさや数、サイズを変えることで、平面的にならずに奥行きのある空間をつくり上げています。（コンフォートダウンライト、グレアレスダウンライト／コイズミ照明）

POINT
リビング側は間隔を広く
DK側は狭めて配置

POINT
ダウンライトと組み合わせて
十分な光量を確保

舞台のように演出したい
壁を照らすコーニス照明

天井際の壁を下方向に照らすコーニス照明。壁と天井の境界線があいまいになり、空間に奥行きが生まれます。ドラマチックな演出ができるので、壁を質感のあるものにしたり、写真のようにアートを飾って印象的な空間をつくりましょう。建築化照明は空間演出を重視するもので補助的に使われることがほとんど。ほかの照明と組み合わせて光量を確保するといいでしょう。(コーニス照明：スリムライン照明LGB51377 XG1ほか　ダウンライト：LGD3033L LB1ほか／パナソニック 住まいの設備と建材)

#18

/ 照明のテクニック /

建築化照明を活用する

照明器具を壁や天井などに組み込んでつくる建築化照明は、光源を見せずに反射した光で空間を照らす間接照明の一種です。器具も配線も隠れているのですっきり見えるうえに、光によって空間に奥行きを与えられる点や高級感を演出できる点も魅力。照らす場所は主に天井や壁、窓上、足元などで、天井を照らすコーブ照明、折り上げ天井に仕込むコファー照明、壁を照らすコーニス照明やバランス照明などがあります。大掛かりな工事が必要なので、新築やリノベーションをする際にぜひ選択肢に加えましょう。

四辺を囲む光で
天井の高さをさらに強調

天井の中央部分を周囲より一段高くとった折り上げ天井をコファー、折り上げ天井の四辺に光源を組み込んだものをコファー照明といいます。天井の高さがふんわりとした照明の光でさらに強調され、伸びやかな空間を演出できます。高級マンションやホテルなどでよく見られる手法で、ラグジュアリーな雰囲気をつくりたいときにぴったりです。(ライトバー間接照明〈ミドルパワー 散光〉／コイズミ照明)

POINT
ペンダントライトや
ダウンライトを併用する

**高さの調整がしやすい
吊り下げタイプ**

天井から吊り下げるペンダントライトなら、コードの長さを調整して高さを変えることができます。通常よりやや低め、目の高さ程度の位置まで下げると、錯覚効果が高まるうえにおしゃれに見えます。ライト自体をコーナーまで持ってくるにはライティングレールを使用するか、電源からコードを天井に這わせて下げたい場所でフックで留めるといいでしょう。(NUURA〈リンインクーブ〉)

#19 部屋のコーナーを照らす

/ 照明のテクニック /

照明を使って空間内のコーナーを"消す"ことも、部屋を広く感じさせるテクニックのひとつです。壁や天井、床が互いに接する部分を照らして見えづらくすると「この線で空間が終わり」という境界線があいまいになり、その先にも空間が広がっているように錯覚するのです。特によく目に留まる入り口の対角上のコーナーを照らすと効果的。フロアランプやペンダントライト、スポットライトなど照明の種類は問わず、ライン状の照明も役立ちます。

コーナーを照らすのに適した
シェードの素材とサイズ

乳白色のガラスボールが3つ連なったミニマムなデザインのフロアランプ。ガラスを通して全体が優しく発光し、雰囲気のある空間をつくります。小ぶりなので部屋の隅に置いてコーナーを照らすのに向いています。(KEEGAN/F／アプロス)

POINT
光を透過する乳白ガラスで
柔らかな雰囲気を演出

POINT
複数組み合わせて
印象的なインテリアに

隅に立て掛けて光らせるだけ。
手軽な方法で奥行きを出す

もっと手軽にコーナーを照らしたいなら、持ち運び自由なユニークなチューブタイプの照明を使ってみては。コーナーにラフに立て掛けて、遊びながら空間を広く見せることができます。(NEON TUBE LED SLIM 120／HAY JAPAN)

#20

/ 照明のテクニック /

壁を照らす

「何もない場所を照らすの?」と思われるかもしれませんが、空間に奥行きを出したいときにブラケットライトなどで壁を照らすのはとても効果がある手段です。フラットなキャンバスのような壁に光を当てると柔らかく反射して、壁自体が照明のようにふんわりと光り、横方向の広がりが生まれます。雰囲気もよく、やすらぎの空間を演出できるのです。光沢がある壁だと照明器具自体が映り込んでうるさく感じられることがあるので注意しましょう。

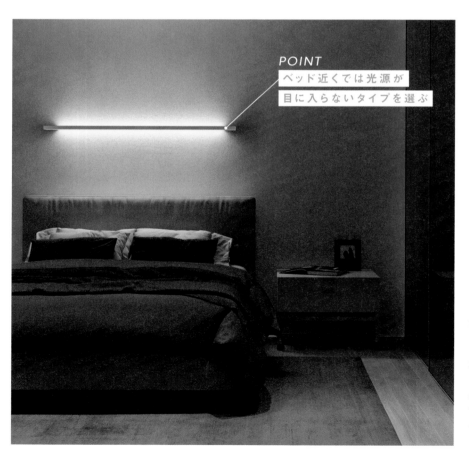

POINT
ベッド近くでは光源が
目に入らないタイプを選ぶ

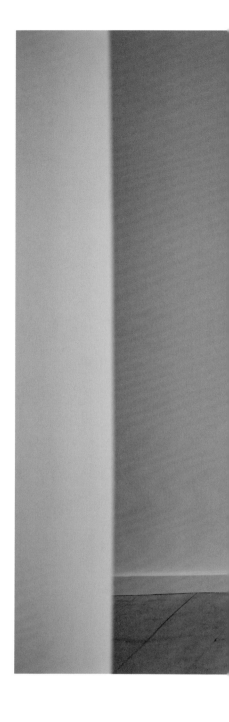

消灯時もすっきり見せられる
ラインタイプのブラケット

空間にすっと溶け込むスリムなラインタイプのブラケットライトは、消灯時も邪魔になりません。壁に光を反射させて生まれる陰影が奥行きをもたらします。光源が隠れてまぶしくない点も魅力。ベッドルームで使う場合は調光可能なものがおすすめです。
(AB54014／コイズミ照明)

POINT

光を透過するシェードで
柔らかな印象に

そこに何かがあると思わせる
雰囲気たっぷりの壁付け照明

北欧ブランドらしい、シンプルで温かみのあるブラ
ケット照明。光を透過する素材のシェードで、シェー
ドの周囲にも拡散光が広がって壁を優しく照らし
ます。横への広がりが増して見えるだけでなく、近
くに置いたものの影もソフトに広がり、奥行きのあ
る空間がつくれます。(LE KLINT)

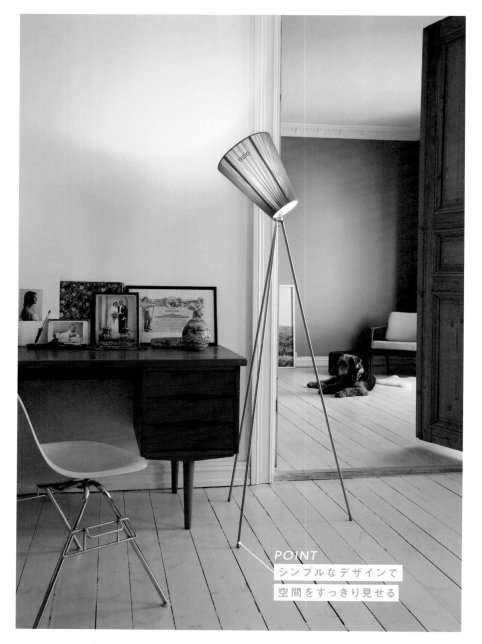

POINT
シンプルなデザインで
空間をすっきり見せる

フロアランプなら
使いたいところに移動できる

北欧の照明ブランドNorthernのフロアランプ。シェードを上に向けるデザインは壁や天井を照らすのにぴったりです。首の角度はある程度自由に調整でき、ねらった箇所を照らすことができます。壁に固定するブラケットライトとは異なり、移動できる点も便利です。首の角度を変えられて持ち運びできる照明なら同じように壁を照らすのに活用できます。(Northern)

照明のテクニック
#20

壁を照らす

部屋を広くすっきり見せる

メリハリの
テクニック

Contrast
Techniques

余白があると、空間は広く感じられます。
そして余白はメリハリから生まれます。
ものを置くところと置かないところ、
飾るところと飾らないところ。
メリハリを意識してレイアウトしましょう。
おしゃれな部屋づくりにもつながります。

#21

／ メリハリのテクニック ／

フォーカルポイントをつくる

部屋を片付けたはいいけれど、どこか散漫としていておしゃれに見えない。そんなときに有効な手段がフォーカルポイントをつくることです。その部屋に入った瞬間に自然に視線が集まる「部屋の見せ場」のことで、アートなどのデコレーションや目を引くデザイン家具などでつくります。これによって空間にメリハリが生まれ、片付いた部屋をより魅力的に見せてくれます。スポットライトなどの照明でポイントを照らすと効果倍増です。

ニッチと照明で 見せ場を強調する

リビングルームでフォーカルポイントを設ける際、効果的な場所のひとつがソファの周辺です。ソファの背面の壁や、あるいは座ったときに見える壁に設けてもいいでしょう。写真の事例ではソファ背面の壁にニッチ（壁面のくぼみ）を設け、まるで舞台上の役者のようにアートを目立たせています。ダウンライトで照らすと見せ場が強調され、より印象的に見せられます。（A邸／ブルースタジオ 撮影：Yoshiyuki Chiba）

POINT
高さが異なる2本を置いて
奥行きと動きを出す

入り口の対角線上に シンボルツリーを飾る

部屋に入った際に特に目に留まる場所が、入り口から対角線上にある奥のコーナーです。ここに大型の観葉植物を置くとより視線を集めて、空間全体の印象がよくなります。天井に届くほどの高さだったり数が多すぎたりすると、圧迫感が出て逆に部屋が狭く見えてしまうので注意しましょう。一般的なリビングルームなら人の目線から背の高さ程度の植物を1、2本置くのが適当です。（アクタス）

POINT

目立たせたい場所を
ダウンライトで強調

POINT

アートをまとめて飾れば
より視線を集められる

ドアを開けた目線の先を
アートで彩る

フォーカルポイントはその部屋に入った
ときにすぐに視線を集める必要があるた
め、入り口のドアを開けた先の壁に設け
るのが効果的です。大きなアートを1点
だけ飾るのも素敵ですが、壁が広い場合
はグループで飾るのが効果的です。アー
トやフレームの色をそろえたり、ほかの
要素（写真ではベッドスロー）の色をア
ートでも使用すると、統一感が出てさら
にすっきりして見えます。(Desenio)

POINT
余白をしっかり取って
主役のアートを立たせる

デコレーション以外の要素は 「控えめ」を心掛ける

壁に飾られたアートが目を引くリビングルーム。アートはフォーカルポイントをつくるのにうってつけのアイテムですが、ここで注目したいのはアート以外の要素です。アートの周囲にしっかり設けられた余白、シンプルなデザインの家具、モノトーンで統一された空間全体の色調。ほかの要素を控えめにして一か所集中で飾ることで、空間にメリハリが生まれています。(Collov Design Home on Unsplash)

#22

/ メリハリのテクニック /

飾る場所を集中させる

#21で説明したように、部屋の見せ場となるフォーカルポイントをつくると空間にメリハリが生まれてすっきりして見えます。その際に気をつけたいのが、フォーカルポイント以外の場所はあまり飾り立てないこと。部屋をまんべんなく飾ったのではどこが見せ場なのかがわかりにくくなり、散漫な印象になってしまいます。「ソファの後ろの壁面または向かい側の壁」、「ウォールシェルフを設けた場所」など、場所を定めて飾るようにしましょう。

「選択と集中」をかなえる
大きなウォールシェルフ

白く大きな壁は空間を広く見せる効果がありますが、
メリハリに欠けることも。解消方法のひとつが、壁一
面に設けた大型のウォールシェルフにデコレーション
や収納を集中させることです。ほかの場所が片付くう
え、目線がその場所に集中して、空間にメリハリが生
まれます。グレーにペイントされた壁で置かれたもの
がまとまって見える点にも注目です。(可動収納棚／
toolbox 撮影：Masanori Kaneshita)

POINT
背面の壁を着色して
ひとつのまとまりに見せる

#23

/ メリハリのテクニック /

余白をつくって飾る

ものが少なければすっきり見えるのは当然のこと。部屋を広く見せたい人が、生活必需品ではないアートやオブジェなどのデコレーションを省きたくなるのも無理はありません。でも、何も飾らない空間なんて寂しいと思いませんか？　センスのよい部屋にはデコレーションは欠かせません。では飾りながらすっきり見せるにはどうするか。空間をすべて埋めるかのようにぎゅうぎゅう詰めで飾るのではなく、周囲に余白を持たせて飾るのです。ボックスやボードなどを活用すると余白がつくりやすくおすすめです。

POINT
ラインをそろえて飾ると
より整然とした印象に

美術館や博物館のように
お気に入りを陳列

（左ページ）壁一面の棚は収納力があり
ついあれもこれもと飾りたくなります
が、ちょっと待って。お気に入りを厳選
して、周囲にゆとりを持たせて飾るよう
にしましょう。イメージは美術館や博物
館の陳列です。あふれるほど飾るものが
あるなら、一度に表に出す数を絞り、ほ
かは箱にしまっておきましょう。定期的
に入れ替えれば雰囲気も変えられて素敵
です。（Form & Refine〈NOMAD〉）

POINT
ピン留めできるボードで
飾るものの入れ替えも簡単

子どもの作品を飾る
スペシャルなステージ

「ここに飾る」というステージを設けて周囲には何
も飾らない。そんなメリハリをつければ見栄えの良
さとすっきり感の両方が手に入ります。ここでは壁
に掛けた布張りのボードがステージ。子どもが描い
た絵や折り紙の作品、スケッチ、グッドデザインの
文房具などを飾っています。飾るもののテーマを決
めるとまとまりやすく、子どもの作品もより引き立
って見えるはず。（Form & Refine〈NOMAD〉）

POINT
飾り棚兼収納として
フレキシブルに使える

ボックス収納を活用して
余白をつくる

ロの字型のボックス収納は、いわば立体
的な額縁。周囲に余白をつくりながらも
のを飾ることができ、中に収めたものを
引き立てながらすっきり見せてくれま
す。単体でも組み合わせても使えて置く
間隔や縦横の配置も自由と、使い勝手の
よいアイテムです。（スギのストライプ
ボックス／TSUYAMA FURNITURE
撮影：Satoshi Nagare　インテリアス
タイリング：Yuki Nakabayashi）

POINT
床を一段下げて
仕切りなしでゾーニング

#24

/ メリハリのテクニック /

大きな家具を端に寄せて
空間をつくる

家具の配置にメリハリをつけることを心掛けましょう。空きスペースをしっかり確保すれば、空間を広く見せることにつながります。よほど大きな部屋でなければ、大きなソファやテーブルなどを中央に置くことは避けて。このテクニックは見た目にすっきりするだけでなく、生活の不便さを解消するのにも役立ちます。というのも、住まいには人が移動するライン＝動線の確保が欠かせないから。動線上には家具などを配置しないようにしましょう。

造作家具の活用で
小空間でもゆとりを確保

家具を端に寄せる究極の例が、壁などと一体になった造作家具です。リビングで大きな面積を占めるソファを造作にすれば自動的に壁に寄るので、空きスペースの確保が簡単に。飾り棚として活用した壁のニッチも床面の確保に効果的です。同じ空間内でも床の高さや素材を変えてリビングとダイニングキッチンのゾーニングをすることで、さらにすっきりした印象に仕上がっています。(K邸／nuリノベーション)

POINT
低めの背のソファで
視線の抜けも確保

大きなソファは壁に沿わせて配置

壁に寄せるように家具を配置すれば、造作家具と同じように空きスペースをつくることができます。写真のようなL字型のソファなら壁に沿わせて配置しても自然に収まります。くつろぎ度もアップして居心地よく過ごせるでしょう。手前の空いたスペースにはほかの用途の家具は置かず、余白をつくることを意識してください。(ロールスクリーン：チェーンタイプ コルトエコ／トーソー)

POINT
圧迫感をさらに減らす
背もたれのないスツール

あえて家具を持たない
選択肢もあり

左側にソファを置いたリビングスペース、右側にキッチンがあるLDK。もしリビングとキッチンの間に大きなダイニングセットを置くと、部屋の入り口から窓への動線がふさがれてしまいます。そこで、ダイニングテーブルの代わりにキッチンの腰壁に沿う形でカウンターを設置。動線が確保できるうえに、入り口から部屋を眺めた際にも視線が抜け、見た目にもすっきりします。(ゼロリノベ)

25

色の使い分けで
メリハリをつける

ひと目でわかる、この空間の主役。それは黄色い一人がけソファとゴールドメタリックのフロアランプの一角。その他の要素は広い面積にグレージュや白、明るいフローリング。引き締め役に黒というニュートラルカラー。周囲を控えめにまとめているからこそ主役が生き、目線が集中して空間が広く感じられます。(Kam Idris on Unsplash)

/ メリハリのテクニック /

目立たせたいもの以外は
ニュートラルカラーにする

部屋の主役以外、特にこだわりのないアイテムはすべてニュートラルカラーにしてみましょう。インテリアにおけるニュートラルカラーとは、白、グレー、黒の無彩色のほかアイボリーやベージュなど無彩色に近い色を指します。主役のアイテムは鮮やかな色や目立つ柄物、メタリック素材などにすると落ち着いた色調の空間の中で存在感が際立ち、空間全体にメリハリが生まれます。

POINT
黒の分量は少なめに。
無個性な色で主役を立たせる

収納のテクニック

Storage Techniques

ものがなければすっきり見えるのは事実。
でも何も持たないわけにもいかないし、
処分することばかり考えるのも味気ない。
そこで収納の工夫が必要となるわけです。
しまい方はもちろんのこと、どんな収納を
選ぶかも重要になってきます。

#26

/ 収納のテクニック /

床の3分の2は見せる

ものが多く、片付いていない部屋を想像してください。床にもさまざまなもの——こまごまとした収納ボックスやカゴ、読みかけの本、脱いだ服、子どものおもちゃ、放置した鞄など——が散らばっているのではないでしょうか。逆に言うと、できるだけ床にものを置かずにいれば空間全体がすっきりして見えます。床面積の3分の2は空けておきたいところです。不要なものは処分して、壁面収納も活用しましょう。狭い部屋に家具を置きすぎたり脚がない家具ばかりで床面の大部分が隠れてしまう事態も避けましょう。

ボリューム大の収納も
床から浮かせてすっきり見せる

キッチンの収納を浮かせて床面と奥の白い壁を見せた事例。リノベならではの自由度の高さではありますが、空間に抜けが生まれて広さが感じられます。収納は比較的ボリュームがあるからこそ、浮かせるとすっきり見える効果が高いわけです。なお、ものをしまいすぎても居心地が悪いもの。花やアート、キッチンアイテムなどで個性や温かみを演出しています。(I邸／EcoDeco　撮影：矢崎貴大)

POINT
壁の白が見えることで
さらに抜け感が生まれる

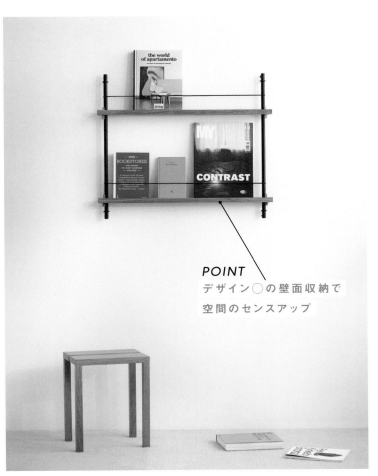

床置きラックの代わりに
見せる壁面収納に

壁をもっと活用しましょう！ 壁付けのシェルフは
床面を空けるのにとても役立つ収納家具です。写真
のように雑誌や本、さらにポストカードなどをディ
スプレイできる壁付けシェルフなら、読みかけの雑
誌の一時置き場としても機能して床に放置せずに済
みます。もう少し奥行きのある収納ならさらにしま
うものの幅が広がります。(MOEBE〈NOMAD〉)

POINT
デザイン◯の壁面収納で
空間のセンスアップ

壁面収納とラグの併用で
広さと居心地のよさを両立

TVボードを壁付けにして床面を見せています。壁
と同化する白い収納で空間を広く感じさせる工夫に
も注目。床面を見せるとすっきりはするのですが、
時に抜けが大きすぎてくつろぎたいのに身の置き所
がなくなってしまうことも。そんなときはラグを活
用して。無地の明るい色であれば、すっきりした印
象はそのままに温かみを添えてくれます。(KEINA邸
『La Finestra Vol.33』〈トーソー発行〉掲載)

POINT
配線を隠した壁付けTVで
すっきり見せる

27

/ 収納のテクニック /

隠すと見せるの
バランスを取る

収納に関しては、とにかく扉で隠せばすっきり
すると思いがちです。確かに片付きはするもの
の、何もかも隠す収納は空間が冷たい印象になっ
たり圧迫感が出るおそれがあります。部分的
にオープンにして飾れるスペースをつくり、空
間に彩りを与えるといいでしょう。飾る自信が
ない人も、ほんの一部を見せるだけでも効果が
あります。オープン棚収納を使う場合、見せる
ものはお気に入りの本や雑貨などの装飾品を中
心にして、生活感が出がちな日用品などは箱に
収めて棚にしまうのがおすすめです。

機能とデザインを両立する
システム収納を活用

キッチン収納は第一に機能が求められますが、リビ
ングルームとひとつながりのキッチンならインテリ
ア性も重視したいところです。写真のような扉付き
の収納とオープン棚がミックスになった収納家具を
活用すれば、見せたくないものをしまいながら、デ
コレーションも楽しむことができます。オープン棚
があることで抜け感が生まれてすっきりして見える
効果も。(カノール／LIXIL)

POINT
キッチン収納にも飾って
インテリア性アップ

POINT
オープン棚には
詰め込みすぎない

モジュール収納は扉付きと
オープン棚の組み合わせで

多様な型やサイズ、色を組み合わせられるシステム収納は、扉付きや引き出し付きなどの隠す収納とオープン棚のタイプを組み合わせるのがおすすめです。同系色で微妙に色を変えるとセンスアップ。扉や引き出し収納には書類など見せたくないものをしまって、見える部分にはデコレーションを中心にものをしまうと、すっきり見せながら個性も演出できます。（Montana〈アクタス〉）

「下は重く、上は軽く」を
収納でも実践

#06では床色が暗い場合に壁、天井と上に向かって明るくする手法を紹介しました。下は重く、上は軽さを感じるように空間をつくると安定感が出るうえに天井を高く見せる効果があるのです。収納でも同様に見た目の重量感で空間の印象をコントロールできます。下部は引き出し収納で重さを出し、上半分はオープン棚やディスプレイ棚で抜け感を出すとバランスよく収まります。（String Furniture）

POINT
ディスプレイ用の
棚板があると便利

ボックスも駆使して
隠す・見せるをコントロール

こちらもモジュールを組み合わせてつくる収納。扉
で隠す箇所と通常のオープン棚、さらに背板がない
オープン棚も選べます。背板がないと軽やかな印象
が高まるうえに、壁の白が見えて飾るものがより映
えて見えます。オープン棚でもデザインのよいボック
スを収めれば隠す収納に早変わり。フレキシブル
に活用しましょう。ボックスをそろえると整然とし
た印象です。(TSUNAGI SHELF／アクタス)

POINT
ボックス収納は
棚幅ぴったりに収める

POINT
一部をオープンにして
抜け感を出す

造作収納なら簡単に
壁と一体化できる

壁と一体化する収納なら、やはり造作が一番です。
色だけでなく素材や仕上げ材も壁とそろえることが
でき、余計な凸凹も生じにくいためです。写真の収
納は扉にモールディングが施されていますが、フラ
ットな扉だとさらに周囲に溶け込ませることができ
ます。また、全面を収納にするのではなく、途中に
窓や壁を挟んだり一部をオープン棚にすることで圧
迫感を減らしています。金具の取っ手がない点もグ
ッドポイントです。(norsu interiors)

POINT
収納するものの色も
周囲に合わせてすっきり

既製品の収納も
壁色に合わせて選んで

造作ではなく市販されている収納を後付けする場合も、壁との一体感を意識して色を選ぶといいでしょう。一般的な住居に多い白壁には、やはりホワイトカラーの収納がもっともなじみます。写真の収納は一部の側板が透明で、より空間に溶け込むようにデザインされています。オープン棚に収納するものの色を統一すればさらにすっきりと見せることができます。(String Furniture)

#28
/ 収納のテクニック /

大容量の収納は
壁になじませる

暮らしにとにかく役立つ大容量の収納。壁いっぱいの壁面収納などがそれに当たりますが、造作、後付け関係なく、導入する際は扉の色を変えたりせずに壁と同色を選びましょう。大容量ということはそれだけ収納そのものの存在感も大きいということ。圧迫感が出ないように、できるだけ存在感を薄めて壁と一体化させましょう。余計な装飾を省いたシンプルなデザインが望ましいです。

オープンクローゼットにする

一般住宅のクローゼットは扉付きが多数派。けれど、特に小さな部屋では扉や壁があることで圧迫感が生じて狭く感じることがあります。そこで効果的なのが、扉をなくしたオープンクローゼットにすることです。場合によっては仕切りもなくして完全にオープンな状態にしても。クローゼットの床面積も居住スペースとして共有でき、空間が広く感じられます。収納として使わない場合はグリーンを吊るすなど、フレキシブルに使える点も魅力です。

before

after

ハンギングバーの活用で
開放的なクローゼットに

コンパクトなベッドルームなどで無理に壁を立ててクローゼットを設けると、壁が迫ってくるようで窮屈に感じられることも。思い切って扉も壁も取り払い、天井からハンギングバーを吊るす形式のオープンクローゼットにしてみては。床や奥の壁が見えることで開放感が生まれて空間が広く感じられます。壁や扉分の奥行きも浅くでき、スペースを有効に使えます。(ハンギングバー：H-1／トーソー)

after

POINT
見せたくないときは
スクリーンで目隠し

before

クローゼット扉の代わりに
スクリーンで軽やかに隠す

クローゼットのスペースは確保したままロールスクリーンを天井付けすれば、来客時など見せたくないときにスクリーンを下ろして隠すことができます。従来の扉と比べてもすっきりと軽やかな印象です。大きな開口が確保できるうえに扉で邪魔されることがなく、中のものの出し入れがしやすいのもうれしいポイント。(ハンギングバー：H-1　ロールスクリーン：チェーンタイプ コルト／トーソー)

棚を小分けにするボックスを
隙間なく配置

コンテナ収納が整然と並ぶ様が心地いい空間。業務用コンテナ特有のストイックさが複数並べることで強調され、空間をピリッと引き締めています。施主自らが設計したというオープンシェルフのサイズぴったりに収まっているのも、すっきりと見える理由です。収納を含めてほかの場所に余計なものがなく片付いているため、棚の上のグリーンやオブジェ、アートがより引き立って見えます。（M邸／EcoDeco　撮影：矢崎貴大）

POINT
サイズ違いを重ねて
おしゃれにまとめる

収納もインテリアの一部
グッドデザインを重ねて魅せる

オープンタイプの収納家具と小型の収納ボックスを組み合わせることで、隠す収納と見せる収納を簡単につくることができます。写真では木×鉄素材のシェルフに木製のオーバルボックスや紙製のファイルボックスを収めています。オーバルボックスはサイズ違いを重ねて使うと雰囲気が出ておすすめです。（木製ボックス：SHAKER オーバルボックス　シェルフ：JATI TUA SHELF／イデー）

POINT
軽くて丈夫なコンテナは
日常生活でも活躍

#30

/ 収納のテクニック /

小型の収納を複数そろえる

大型の収納家具と比べて気軽に取り入れやすいボックスなどの小型収納は、よく考えずに安易に選びがちです。異なる時期に何の気無しに手に入れた、色や素材、ディテール違いの収納が部屋に点在してかえって雑然とした部屋に……なんてことがないように、よく吟味して同じ種類の収納を複数そろえておきましょう。収納に限らず同じものを複数並べると、統一感が生まれてすっきりして見えます。中でも収納は重ねたり並べたりすることが多いため、整然とした印象をもたらすことができるのです。

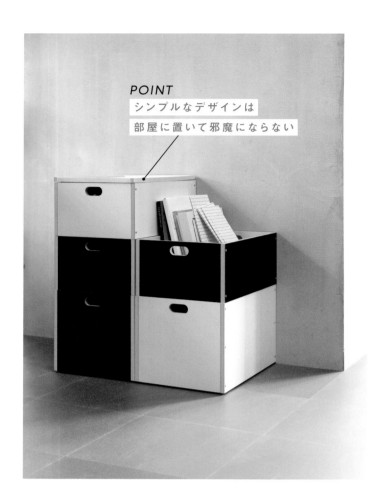

POINT
シンプルなデザインは
部屋に置いて邪魔にならない

さまざまなシーンで使える
スタッキングボックス

スタッキングできる収納ボックスは、用途やシーン
に応じて拡張ができてとても便利です。写真のボッ
クスは深さが異なる4タイプから選べ、どれもスタッ
キング可能。ふたをしてサイドテーブルとしても
使えます。サイズ違いでそろえておくと何かと重宝
しそうです。(LINDEN BOX／MOHEIM)

家具としても使える
多用途な収納

空間を広く使いたい場合、1台で複数の役割を担う
アイテムが活躍します。写真の収納ボックスは40
cm角のスツールサイズ。実際に座っても問題ない
つくりで、収納兼スツールとして使えます。リビン
グルームに複数台をベンチのように並べて、かさば
る子どものおもちゃをしまうのにもぴったりです。
(Fatty Containers Lサイズ／スコープ)

POINT
中身をサッと隠せる
便利なふた付き

収納のテクニック
#30

小型の収納を
複数そろえる

部屋を広くすっきり見せる

その他。の
テクニック

Other
Techniques

最後に紹介するのは
部屋を広くすっきり見せるのに即効性のある
アイテムの選び方や窓辺の小ワザなど。
特に意識したいのは「視線の抜け」をつくり
視覚的な広がりを持たせることです。
早速トライしてみましょう。

#31 家具の高さを抑える

/ その他のテクニック /

部屋の入り口に立ったときに視線が奥まで抜けると、その空間は広く感じられます。そこで、視界を遮りがちな家具の背の高さを抑えることを意識しましょう。ダイニングテーブルの高さを変えるのは現実的ではないので、ターゲットとすべきはソファや収納家具。これらの家具はもともと存在感があるので、高さを抑えると圧迫感も軽減され広さが感じられるようになります。椅子もハイバックと呼ばれる背もたれが高いタイプは避けましょう。

POINT
脚付きのタイプで
さらに抜け感をつくる

存在感が大きいソファは
背もたれに着目して選ぶ

（左ページ）リビングルームでもっとも存在感があるアイテムといえばソファ。まずソファの背の高さを抑えることから始めましょう。特にチェックしたいのが背もたれの高さ。写真のソファは、座面の高さは40cmとごく一般的なソファと同じくらい。一方、背もたれを低く設定しているため圧迫感がなく、視界を遮ることもありません。（Inland／アンドトラディション〈林物産〉）

POINT
壁際に配置して
クッションを背もたれに

小さな部屋には
ベンチタイプのソファを

コンパクトな部屋にソファを置きたいのならベンチタイプを選ぶという手もあります。このタイプのソファは座面の高さ自体が低いものが多く、視線を遮る心配も少ないのです。さらに背もたれやアームが省略されていたり簡易的である分、圧迫感が出にくいという長所もあります。くつろぎ度を重視するなら壁際に配置して、クッションを背もたれの代わりに使うといいでしょう。（UMAGE）

POINT
ソファと高さをそろえて
圧迫感を減らす

横に長く背が低い収納で
視界を遮らない

収納家具も背の高さに気を配りたいアイテムです。壁と同化するような壁面収納を除けば、縦に長いタイプより背が低く横に広いタイプを選ぶといいでしょう。写真の収納は腰までの高さのサイドボード。このくらいの高さであれば部屋の中央に置いても視界を遮らず、さりげなくスペースを仕切るのに使えます。背が高い収納の場合、入り口から視界に入らない場所に置きましょう。（USM〈USMモジュラーファニチャー〉）

#32

/ その他のテクニック /

視線が抜ける
間仕切りを取り入れる

大きな家具とともに視界を遮る要素、それは「壁」。壁に囲まれたコンパクトで閉鎖的な部屋にいると圧迫感を受けるはずです。そこで、部屋と部屋を隔てる間仕切りの壁を見直してみましょう。一案としては間仕切り壁自体をなくして、大型のシェルフなどで仕切る方法があります。壁を取り払うことができないのなら、ガラス戸や室内窓を設けて抜けをつくる方法も。いずれも視界が開けるうえに室内が明るくなり、開放感をもたらすことができます。

視線が抜ける間仕切りシェルフで
部屋を広く効率的に使う

ワンルームを壁で仕切らずに広く使う。特に海外でよく見られるスタイルですが、最近はリノベーション住宅をはじめ国内でも取り入れる人が増えつつあります。その際、スペースを分けるのに便利なのがオープンタイプのシェルフです。視線を完全には遮ることなく、ゆるやかに仕切ることができます。窓からの自然光も全体に行き渡りやすく、明るく開放的な空間をつくれます。(String Furniture)

POINT
ボックス収納を置いて
ほどよく目隠しも可能

POINT
カーテンを閉じて
プライバシーも守れる

インテリアのポイントにもなる
黒アイアン枠の室内窓

これまで壁だったところに窓ができると、2つの空間がほどよくつながって視界が開け、広さを感じられるようになります。外からの光が行き届きやすくなり、室内が明るくなるのもうれしいポイントです。開閉する室内窓もありますが、フィックス窓ならよりすっきり見せられます。窓枠のデザインにこだわればインテリアのポイントにも。(写真：トーソー)

プライバシーにも配慮した
上部ガラス張りの仕切り戸

引き戸の上部をガラス張りにして、リビングルームと個室をゆるやかにつないだ事例。引き戸の面積が大きい分視界も大きく開けて、一般的な扉と比べて体感的な広さはかなり違ってきます。下部は隠れているので互いが丸見えになることもありません。カーテンを閉じれば完全に隠すこともでき、フレキシブルな使い方ができます。(I邸／空間社)

POINT
隣室の窓からの光を
取り込む効果もあり

存在感のあるテーブルこそ
透明な天板が生きる

リビングにせよダイニングにせよ、テーブルはその
スペースの中心に置かれることが多く、存在感が大
きくなりがちな家具のひとつ。そこで天板がガラス
製のテーブルを導入してみましょう。写真のコーヒ
ーテーブルも透明なガラスを通して床面が見え、圧
迫感が軽減されています。個性的な木脚の存在感も
中和して重さを感じさせません。(LA ROTONDA／
カッシーナ・イクスシー青山本店)

POINT
クリアなガラス素材は
木素材とも相性よし

#33

/ その他のテクニック /

透明な家具で
抜け感を出す

抜け感は空間の工夫だけでなく家具そのものでも出すことができます。#10で紹介した細い脚を採用する手法もその一例です。ここでは素材に注目。ガラスやアクリル、プラスチックなど透明な素材の家具は、床面や空間の向こうが透けて見えて視線の抜けをつくることができます。圧迫感が解消され、実際よりも空間が広く感じられるのです。スタイリッシュな雰囲気で、意外とさまざまな素材やスタイルに合わせやすい点もポイントです。

複数そろえてもうるさくない
クリア素材の利点

ガラス素材のほか、プラスチックやアクリル素材を使った家具にも注目です。写真は背面と座面に透明なポリカーボネート（プラスチック）素材を使ったアイコニックな折りたたみチェア。椅子はほかの家具に比べて点数が必要ですが、周囲に溶け込むクリアな椅子なら何脚あっても邪魔になりません。（プリアチェア クローム／メトロクス　撮影：Masaaki Inoue　インテリアスタイリング：Yumi Nakata）

POINT
周囲に溶け込んで
圧迫感を軽減

POINT
ベッドルームに置く際は
寝姿が映らないよう注意

#34

/ その他のテクニック /

大きな鏡を配置する

鏡はただ姿を映すものではありません。大きな鏡は部屋を広く見せるのにとても効果的なアイテムなのです。周囲が映り込むことで空間に奥行きや広がりが生まれます。光が反射することで照明のように室内を明るくしてくれる効果も。窓のそばに置いて自然光を反射させたり外の風景を映したり、室内の最もきれいなスペースを映すなど、映り込むものに配慮しましょう。なお、複数の鏡を同じ場所に置くと反射がうるさく感じられることがあるので気をつけて。

ミニマムなデザインで
空間をスタイリッシュに演出

壁掛けタイプの鏡は以前からあるアイテムですが、注目は北欧ブランドを中心に最近増えてきたミニマムなデザインです。部屋を広く見せる効果だけでなく、すっきりとした印象で空間をスタイリッシュに演出します。縦方向にも横方向にも使える点も便利です。散らかった部屋だと雑然とした様子が鏡に映り余計にうるさくなってしまうので、周囲はきちんと片付けましょう。(Muuto〈Muuto Store Tokyo〉)

POINT
窓のそばなら
自然光をたっぷり反射

部屋の広さが倍に!?
クローゼット扉の鏡

リビングダイニングに設けた収納の扉全面を鏡張りにした事例。大きな面積に鏡を取り入れることで、まるで部屋が倍の広さになったように見せることができます。外からの自然光を反射して、部屋をさらに明るく開放的に見せる効果も。(S邸／EcoDeco 撮影：矢崎貴大)

POINT
外の風景や植物を映して
明るく爽やかに見せる

鏡に映る風景を
自在にコントロール

スタンドタイプのミラーは置く場所の自由度が高い点が長所です。映るものをコントロールしやすいともいえます。外の風景が映し出されることで明るさや広がりが感じられるし、室内のグリーンや花などが映るようにすれば華やかな空間を演出できます。もちろんミラー自体のデザインにも気を配りましょう。フレームが細いタイプなら空間の邪魔にならず、モダンにまとめることができます。(©Artek)

＃35

／ その他のテクニック ／

窓をつなげる

リビングルームなどの大きな空間では掃き出し窓が2つ並ぶことがあります。この場合、1窓ごとにカーテンを納めることになり、特にカーテンを開いた際の「たまり」が窓と窓の間にできて重い印象になりがちです。そこで、2つの窓をカーテンレールでつなげて、幅広の1窓としてしつらえてみましょう。開放的な大開口が生まれ、カーテンもすっきりと納まります。

before

開口部を大きく見せて
明るい空間をつくる

before写真は一般的なカーテンの納め方。2つの窓それぞれにカーテンレールを設置します。この方法だと窓と窓の間にカーテンがたまり、どうしても重い印象になりがちです。一方、窓をまたいで1本のカーテンレールを設置し、2つの窓を1窓として両側にカーテンを納めたのがafterの写真です。特にドレープカーテンを開けた際に中央にたまりがなくなるので、開口部がより明るく見えてすっきり軽い印象になります。（カーテンレール：クラスト19 ブラケットスルータイプ／トーソー）

after

POINT
２窓の間にカーテンが
たまらずすっきり！

人気ブランドの収納名品そろえました

部屋を広くすっきり見せる
お役立ちアイテム集

───────────

すっきり暮らしたいなら、やはり収納は避けて通れません。
ここでは収納自慢のブランドと収納名品を集めました。
機能もルックスも合格点のアイテムを使いこなして
もっと部屋を広くすっきり見せましょう！

山崎実業
tower

どんなものにもスマートに
居場所をつくってくれる

片付けの基本は「ものの居場所をきちん
と決める」こと。山崎実業のtowerは、
まさにものの居場所をつくってくれるブ
ランドです。「こんなものにまで!?」と驚
くニッチな商品展開で、しかもどの収納
も機能的かつスタイリッシュ。何かの置
き場所に困ったらまずチェックして。

高さ伸縮プロジェクタースタンド

伸縮可能なスタンドで
映画鑑賞もスマートに

最近はTVの代わりにプロジェクターでホームシアターを
楽しむ人が増加。専用のスタンドならプロジェクター本体
を中に入れても天板の上に置いてもスマートに収まりま
す。ケーブルは支柱に通すことができ見た目もすっきり。
さらに77〜120㎝の間で高さ調整も可能と、機能面も優秀
です。(高さ伸縮プロジェクタースタンド タワー 9,900円)

コンソールテーブル

奥行きの狭さがポイント
玄関収納にもぴったり

小さな植物や写真立てなど、部屋にちょっとした飾
りを置きたいときに役立つコンソールテーブル。
18㎝というスリムな奥行き、脚が細いすっきりと
したデザインで、リビングや廊下に置いても邪魔に
なりません。付属のフックで折り畳み傘や靴べら、
エコバッグなどを掛けられ、玄関収納としても活躍
します。(コンソールテーブル タワー 5,830円)

神札スタンド

神札の居場所もこのとおり!
ニッチな需要もかなえます

通常、神札は神棚に置くもの。とはいえ、最近は神
棚がない家庭も多いでしょう。棚に乗せて壁に立て
ても、何かの拍子に倒れたり隙間に落ちたりして扱
いに困ることも。そんなときは神札スタンドを取り
入れて、プチストレスから解放されましょう。スリ
ット入りの台座で大事な神札が倒れる心配もありま
せん。(神札スタンド タワー 2,970円)

(左)恐竜＆アニマル収納ケージ
(右)ミニカー＆レールトイラック

楽しみながら片付け習慣もつく
子どものための収納ラック

お気に入りのフィギュアやミニカーを、飾りな
がらしまえます。インテリアとしても楽しく、
子どもが喜んで片付けてくれるようになりそ
う。(恐竜＆アニマル収納ケージ タワー ワイド
2段 5,500円　ミニカー＆レールトイラック
タワー 8,800円)

石こうボード壁対応
ウォールタブレットホルダー

穴が目立たないピンだから
賃貸住宅でも使える

つい放りっぱなしにしがちなタブレット。壁付
けのホルダーなら、いつでもサッと取り出せま
す。ケーブルホルダー付きで、充電しながら収
納も可能。マガジンラックとして使っても素敵
です。(石こうボード壁対応ウォールタブレッ
トホルダー タワー 4段 3,520円)

無印良品

暮らしのあらゆる場面で
活躍するモジュール収納

収納といえばまず名の挙がる無印良品。
受け入れられるのには理由があります。
それは日本の住居に合わせてモジュール
（基準寸法）が統一されていて、すべて
のものが無駄なくすっきり収まるから。
素材やデザインの多彩なバリエーション
も魅力で、さまざまな場面で使えます。
きっと「収納上手な人」になれるはず。

for Room

くつろぎ感がほしい居室は
自然素材の収納でまとめる

壁付けはもちろんのこと、部屋の間仕切りとしても活躍す
る木製のスタッキングシェルフ。オーク材のナチュラルな
質感が、リラックス感あふれる空間を演出します。棚のサ
イズにぴったり収まるラタン製のバスケットとも相性抜
群。バスケットは重ねて使うこともできます。（スタッキ
ングシェルフセット・5段×2列・オーク材 34,900円　重
なるラタン長方形バスケット・中 2,290円）

for Workspace

こまごまとしたものも
収納を使い分けてすっきり

仕事部屋ではスタッキングシェルフを細
かい資料の収納に活用。シェルフと同素
材の引き出しやポリプロピレン製のファ
イルボックス、小物用の収納ボックスな
ど、収めるものに合わせて収納を使い分
けてすっきりさせましょう。（スタッキン
グシェルフセット・3段×2列・オーク材
29,900円　スタッキングチェスト・引
出し・2段・オーク材突板 5,990円　再
生ポリプロピレン入りスタンドファイル
ボックス・ワイド・A4用 790円ほか）

for Kitchen

中身が見える収納で
食材の買いすぎも防止

シェルフに収めるボックス類の種類や高
さも豊富。食材やキッチン用品などサイ
ズがまちまちなものもすっきりと収納で
きます。（ステンレスユニットシェルフ・
ステンレス棚セット・ワイド・大 34,900
円　ポリプロピレン収納ボックス・深
1,190円　同・中 790円ほか）

※本企画に掲載した商品の情報は2024年3月時点のもの（価格は税込み表記）です。同じ商品が店舗にない場合や、すでに販売が終了している場合があります。

for Storage Room

何でも収まる
収納ステーションが完成

家の中のさまざまなものをしまう収納庫。丈夫なステンレスユニットシェルフに、しまうものに応じたさまざまな種類のボックスを組み合わせて、機能的な収納ステーションがつくれます。シェルフの棚の高さも変えることが可能です。(ステンレスユニットシェルフ・ステンレス棚セット・ワイド・大 34,900円　ポリプロピレンキャリーボックス・折りたたみ式・小 1,290円　やわらかポリエチレンケース・深 1,090円　ポリエステル麻・ソフトボックス・角型 小 890円ほか)

for Laundry

水回りに適した収納で
清潔を保つ

強度がありさびにくいステンレス製のバスケットは、ランドリーなどの水回りで使うのにぴったり。通気性もよく洗濯物を入れるのにも適しています。(スチールユニットシェルフ・スチール棚セット・ワイド・中 14,900円　ステンレスワイヤーバスケット4　1,990円ほか)

for Entrance

コンパクトなスペースには
背が低い収納を

汚れやホコリが溜まりやすい玄関先でもステンレスユニットシェルフが活躍します。背の高さを抑えれば、コンパクトなスペースでも圧迫感がありません。アウトドアでも使える頑丈なボックスと組み合わせて。(ステンレスユニットシェルフ・ステンレス棚セット・ワイド・小 20,900円 ※写真はユニットシェルフのパーツの組み合わせで構成　再生ポリプロピレン入り頑丈収納ボックス・ミニ 1,790円ほか)

ニトリ

自由に組み合わせて
私だけの収納づくり

暮らしまわりのあらゆるものが手ごろな価格でそろうニトリ。定番からトレンドまで幅広く押さえたラインアップも人気の秘密です。そのニトリ、実は収納の充実度にも目を見張るものがあります。中でも注目なのが多彩なパーツを組み合わせてつくる収納のシリーズ。サイズも用途も自分に合った収納を楽しめます。

つっぱり壁面収納Nポルダシリーズ

多彩なパーツで何をつくる？
収納の用途を超えたスグレモノ

憧れの壁面収納を賃貸住宅でも実現！ Nポルダは壁を傷つけずに設置できる、天井突っ張り式の収納です。単体でも使える基本のワイヤーシェルフですが、サイドパーツを連結して3連まで横につなげることができます。棚板の枚数や位置を変えたり、後から棚を追加しても。デスクやボックス収納、ハンガーなどの専用パーツも豊富にそろい、「しまう」「掛ける」「飾る」「作業する」など多用途に対応します。

ワイヤーシェルフ
幅80cm
9,990円

棚板なし
追加サイドパーツ
3,990円

追加棚板（幅60cm用）
1,190円

ボックスが選べる
オープンシェルフMSシリーズ

隠すと見せるが自在にできる
ありそうでなかったシェルフ

ワイヤーのシェルフにボックスや棚を組み合わせてつくる
アイデア収納。シェルフ自体も横方向につなげたり縦方向
に重ねたりとカスタムできます。ボックスは扉付き、背板
あり、背板なしの3タイプ。見せたくないものは扉付きに
しまい、本や雑誌を背板ありボックスに、雑貨はオープン
ボックスでしっかり見せて……と、収めるものに合わせて
選べます。抜け感のある間仕切りとして使うのがおすすめ。

基本シェルフ2段
3,490円

下段追加シェルフ
2,990円

棚板（1枚）
999円

Nクリックボックス
（背板なし）
2,490円

Nクリックボックス
（背板あり）
2,990円

Nクリックボックス
（扉付き）
3,990円

ideaco

生活に欠かせない
２つのアイテムを美しく演出

暮らしに欠かせないティッシュやゴミ箱など
の日用品は、どうしても生活感が出がち。こ
れらの日用品をカバーしながら美しく演出す
るのがideacoのアイテムです。インテリア
になじむシンプルなデザインで、すっきりと
した空間づくりをさりげなくサポートします。

（写真左）box grande
（同右）TUBELOR HOMME

空間に溶け込む色展開と
シンプルなデザインが魅力

ブランドを代表するゴミ箱「TUBELOR HOMME」と箱
ティッシュケース「box grande」。上写真のサンドホワ
イトなど空間になじむニュアンスカラーを中心とした色
展開も魅力です。ゴミ箱は2重構造で、カバーを被せる
と中のポリ袋を隠すことができます。（TUBELOR
HOMME 4,950円　box grande 3,960円）

（左）TUBELOR Hi-GRANDE
（右）TUBELOR BRICK

ナチュラルインテリアも
モダン空間もカバー

2重構造のゴミ箱TUBELORシリーズでは長方形
のタイプも展開しています。「Hi-GRANDE」はリ
アルな木目柄、「BRICK」はマットな艶消しタイ
プ。つくりたいインテリアに合わせてセレクトで
きます。（TUBELOR Hi-GRANDE 木調 7,700円
TUBELOR BRICK 4,730円）

（左）WALL2
（右）SP half

かゆいところに手が届く
機能面も抜かりなし

ティッシュケースのバリエーションも豊富で
す。壁貼りの箱ティッシュケース「WALL2」は
上蓋を開けば簡単に交換が可能。まるで陶器の
ような質感の「SP half」は適度な重みでスムー
ズにティッシュを引き出せます。（WALL2 3,300
円　SP half 3,850円）

※本企画に掲載した商品の情報は2024年3月時点のもの（価格は税込み表記）です。同じ商品が店舗にない場合や、すでに販売が終了している場合があります。

KEYUCA

ナチュラルな生活をつくる
優しい表情の収納

「Simple & Naturalに暮らす。」をテーマとするKEYUCAは、ナチュラルインテリア好きならまずチェックしたいブランドです。特に収納やキッチンアイテムなどのハウスホールド品が充実。優しいデザインの機能的なアイテムで、毎日の暮らしを楽しく彩ります。

rectie ボックス3段

使い方はあなた次第。
どこに置いても活躍します

キッチンでは分別できるゴミ箱や食材ストック入れになり、バスルームではタオルをしまったり、キッズルームではおもちゃを収納……。さまざまな場所と用途で活躍する薄型の3段ボックス。シンプルなデザインはどこに置いても邪魔になりません。(rectie ボックス3段 7,975円)

洗えるバスケット

白樺カゴのような顔で
ザブザブ洗っても大丈夫

自然素材のような見た目と質感の樹脂素材「テンネスク」を用いたバスケット。汚れてもさっと洗い流せるので、野菜を保管したり観葉植物の鉢を入れたりと用途が広がります。(洗えるバスケット レクタングル S 1,980円 スクエア M 2,640円 レクタングル ML 3,520円)

LioソフトBOX

ニュアンス色と絶妙なサイズで
空間にそっと寄り添う

ありそうでなかった、インテリアになじむニュアンスカラーのソフトなバスケット収納。奥行きを狭めに設計したデザインで、家具の間やベッドサイド、ソファサイドにすっきりと収まります。(Lio ソフトBOX 1,650円)

※左写真のブルーカラーは廃盤色です。
※左写真のふたは別売りです。

&PAPERS

紙の魅力を存分に感じられる
工夫に満ちた収納アイテム

軽くて丈夫。心地よい手触り。アクセントに
なるビビッドカラーから空間になじむ色まで
色展開も豊富。京都の老舗紙器工房が手掛け
る＆PAPERSは、そんな紙の可能性を感じさ
せてくれるブランドです。他社商品とのコラ
ボなど、ユニークな発想のアイテムにも注目。

OPEN SHELF PROJECT

人気の収納をさらに使いやすく
カスタマイズできる

P102でも紹介した無印良品の「スタッキングシェルフ」などオープンタイプの
棚に取り付けて使う紙製パーツ。扉式のカバー「FLAP」（写真**1**）、ボックス収
納「BLOCK」（同**2**）、引き出し型収納「DRAWER / RAIL」（同**3**・**4**）など種
類や色も豊富。使い勝手のよいシェルフをさらに使いやすく個性的に彩りま
す。(FLAP 2,640円　ST BLOCK half 3,520円　ST BLOCK quarter 2,475
円　DRAWER / RAIL6段セット[スタッキングシェルフ用] 6,930円)

TROLLEY PLUS

収納付きサイドテーブルにも！
取り回しのよさも魅力

キャスター付きのストレージボックス。紙製で軽いた
め、部屋の中を楽に移動させることができます。ふた
はひっくり返せばトレイになり、ものの一時置き場や
簡易なサイドテーブルとして使っても。(TROLLEY
PLUS 12,100円)

D&DEPARTMENT

使いやすくてカッコイイ
業務用収納を使いこなす

長く使い続けられる「ロングライフデザイン」をテーマに活動するD&DEPARTMENT。コンセプトに沿う業務用のアイテムも多く扱い、収納として活用することを提案しています。耐久性も機能性も抜群な業務用品。暮らしの中に上手に取り入れて、カッコイイ空間をつくりましょう。

工業用ネスティングバスケット

ハンドルの倒し方で
2通りのスタッキングが

業務用のスチールコンテナ。ハンドルを内側へ倒して固定すると積み重ねることができ、下のコンテナの中身をつぶすおそれがありません。逆に外側に倒せば入れ子状にできるので、使わないときはコンパクトに収納できるというすぐれものです。（工業用ネスティングバスケット 角R・中 6,600円）

SAMPLING FURNITURE
CONTAINER サンボックス

どんな組み合わせにする？
定番コンテナの新しい使い方

業務用コンテナ「サンボックス」にステンレス製のフレームを組み合わせて新しい使い方を提案。植物を入れる、傘立てにする、サイドテーブルにするなど、組み合わせを考えるのも楽しい。クリアカラーのサンボックス（右下写真）はD&DEPARTMENTのオリジナル。（SAMPLING FURNITURE CONTAINER サンボックス 13,750円〜 サンボックス（単体）1,100円〜 サンボックスクリア（単体）2,530円〜）

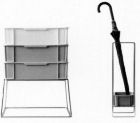

（左）医療用バスケット
（右）医療用ステンレスプレート

医療用品も収納に活用。
清潔を保てます

本来は血液検査の際に保存用の血液を収納するために使うバスケットと、外傷処置時のゴミ入れなどに使うステンレスプレート。丸洗いできるから清潔を保ちやすく、水回りでも使えます。（医療用バスケット 2,750円 医療用ステンレスプレート 中 1,320円）

Company List

協力会社一覧

テクニック集 （五十音／アルファベット順）

アクタス
TEL. 03-5269-3207
https://www.actus-interior.com/

アプロス
https://www.aproz.co.jp/

アンドトラディション〈林物産〉
TEL. 03-5778-3282
https://andtradition.jp/

イデー
TEL. 03-5701-7555
　　　（イデーショップ 自由が丘店）
https://www.idee.co.jp/

ウッドワン
TEL. 0120-813-331
https://www.woodone.co.jp/

エイトデザイン
TEL. 052-883-8748
https://eightdesign.jp/

カッシーナ・イクスシー青山本店
TEL. 03-5474-9001
https://www.cassina-ixc.jp/

空間社
TEL. 03-5707-2330
https://www.kukansha.com/

クラフト
TEL. 0120-258-805
https://craftdesign.tokyo/

コイズミ照明
https://www.koizumi-lt.co.jp/

サンゲツ
TEL. 0570-003-310
https://www.sangetsu.co.jp/

シンコールインテリア
TEL. 03-3404-8184
https://sincol-group.jp/

スコープ
https://www.scope.ne.jp

スミノエ
TEL. 0120-017-357
https://suminoe.jp/

ゼロリノベ
https://www.zerorenovation.com/

テシード
https://www.tecido.co.jp/

トーソー
TEL. 03-3552-1002
https://www.toso.co.jp/

トキワ産業
TEL. 03-3472-3001
https://www.tokiwa.net/

パナソニック 住まいの設備と建材
TEL. 0120-878-051
https://sumai.panasonic.jp/

ブルースタジオ
TEL. 03-3541-5878
https://www.bluestudio.jp/

メトロクス
TEL. 03-5777-5866
https://metrocs.jp/

Artek
TEL. 0120-610-599
https://webstorejapan.artek.fi/

Desenio
https://desenio.eu/

EcoDeco
TEL. 03-6450-2842
https://www.ecodeco.biz/

ferm LIVING
https://fermliving.com/

Form & Refine 〈NOMAD〉
https://nomadinc.jp/

HAY JAPAN
https://www.hay-japan.com/

Karimoku Case 〈カリモク家具〉
TEL. 0562-83-1111

LE KLINT
https://www.leklint.jp/

LIXIL
https://www.lixil.co.jp/

MOEBE 〈NOMAD〉
https://nomadinc.jp/

MOHEIM 〈プラスティックス〉
https://moheim.com/jp/

Muuto 〈Muuto Store Tokyo〉
TEL. 03-6432-9446
https://maarket.jp/

ninkipen! 一級建築士事務所
TEL. 072-703-6645
https://www.ninkipen.jp/

norsu interiors
https://norsu.com.au/

Northern
https://northern.no/wr/

nuリノベーション
TEL. 0120-453-553
https://n-u.jp/

NUURA〈リンインクープ〉
https://lynnbelys.com/

Sian Zeng
https://www.sianzeng.com/

String Furniture
https://stringfurniture.com/jp

TAKT〈Studio Sitwell〉
TEL. 03-6671-3131
https://studio.sitwell.jp/

toolbox
TEL. 03-6706-4845
https://www.r-toolbox.jp/

TSUYAMA FURNITURE
TEL. 0868-31-7080
https://tsuyamafurniture.com/

UMAGE
https://umage.com/

USM モジュラーファニチャー
TEL. 03-6635-9420
https://www.usm.com

WOUD〈アペックス〉
TEL. 027-370-5678
https://www.apexb1.com/

お役立ちアイテム集 （掲載順）

山崎実業
https://www.yamajitsu.co.jp/

無印良品
TEL. 03-3538-1311
　　　（無印良品 銀座）
https://www.muji.net/store/

ニトリ（お客様相談室）
TEL. 0120-014-210（固定電話）
　　　0570-064-210（携帯電話）
https://www.nitori-net.jp/

ideaco〈イデア〉
TEL. 0120-188-511
https://www.ideaco-store.com/

KEYUCA〈河淳〉
TEL. 03-5158-2191
　　　（ケユカ マロニエゲート銀座店）
https://www.keyuca.com

& PAPERS
https://andpapers.com/

D&DEPARTMENT
TEL. 03-5752-0120
https://www.d-department.com/

ラインや色を意識すれば見違える！
部屋を広くすっきり見せる
インテリアのテクニック
35

2024年7月1日　初版第1刷発行

発行人
八重島 真人

発行元
トーソー株式会社　トーソー出版
〒104-0033
東京都中央区新川1-4-9
tel. 03-3552-1001
http://www.toso.co.jp/book/（オンラインブックショップ）

企画
神谷 悟　平野奈津美　藤橋佳子　福原 愛
（トーソー株式会社）

企画・制作
株式会社デュウ
〒101-0051
東京都千代田区神田神保町2-40-7 友輪ビル2F
tel. 03-3221-4022

編集
水谷浩明　川下靖代
（株式会社デュウ）

AD・デザイン
蓮尾真沙子(tri)

印刷・製本
大日本印刷株式会社